BEI GRIN MACHT SICH IHR
WISSEN BEZAHLT

- Wir veröffentlichen Ihre Hausarbeit,
  Bachelor- und Masterarbeit

- Ihr eigenes eBook und Buch -
  weltweit in allen wichtigen Shops

- Verdienen Sie an jedem Verkauf

Jetzt bei www.GRIN.com hochladen
und kostenlos publizieren

Betriebliches Gesundheitsmanagement (BMG) für eine Pflege-Residenz. Maßnahmen zur Erhöhung der Führungsqualität im "Gesund Führen"

Kristina Stauberg

Bibliografische Information der Deutschen Nationalbibliothek:

Die Deutsche Nationalbibliothek verzeichnet diese Publikation in der Deutschen Nationalbibliografie; detaillierte bibliografische Daten sind im Internet über http://dnb.d-nb.de abrufbar.

ISBN: 9783346829429
Dieses Buch ist auch als E-Book erhältlich.

© GRIN Publishing GmbH
Nymphenburger Straße 86
80636 München

Druck und Bindung: Books on Demand GmbH, Norderstedt Germany
Gedruckt auf säurefreiem Papier aus verantwortungsvollen Quellen

Das vorliegende Werk wurde sorgfältig erarbeitet. Dennoch übernehmen Autoren und Verlag für die Richtigkeit von Angaben, Hinweisen, Links und Ratschlägen sowie eventuelle Druckfehler keine Haftung.

Das Buch bei GRIN: https://www.grin.com/document/1333853

Deutsche Hochschule für
Prävention und Gesundheitsmanagement
Hermann-Neuberger-Sportschule 3
66123 Saarbrücken

Hausarbeit

Name, Vorname	Stauberg, Kristina
Studiengang	M. A. Prävention und Gesundheitsmanagement
Studienmodul	Betriebliches Gesundheitsmanagement I
Datum Präsenzphase	18.07.- 20.07.2022
Aufgabe	BGM als strategischer Managementansatz für das Musterunternehmen Pflege-Residenz

Inhaltsverzeichnis

1 Belastungen in der Pflege-Residenz

1.1 Belastungen in der Pflege-Residenz

AH 1 Teilaufgabe 1.1

Physische Belastungen: Arbeitsschwere - Manuelle Lastenhandhabung und Arbeit in erzwungenen Körperhaltungen (Zwangshaltungen)

Die körperlichen Anforderungen an Pflegefachkräfte sind im Vergleich zu anderen Berufsgruppen gestiegen (Rothgang, Müller & Preuss, 2020, S. 145). Weiter berichten Pflegefachkräfte im Vergleich zum Durchschnitt anderer Arbeitnehmer von deutlich häufigeren körperlichen Belastungen wie „Arbeiten im Stehen", „Heben und Tragen von schweren Gegenständen" und „Arbeiten in Zwangshaltungen" (BAuA, 2018, S. 3). Es zeigt sich, dass Pflegefachkräfte häufig im Stehen arbeiten müssen (92 %). Zwangshaltungen sind vor allem darauf zurückzuführen, dass ältere Menschen oft nur eingeschränkt mobil sind und daher bei alltäglichen Verrichtungen und beim Sport auf Unterstützung durch Bezugspersonen angewiesen sind. Darüber hinaus gaben 76 % an, regelmäßig schwere Gegenstände zu heben und zu tragen (Rothgang, Müller & Preuss, 2020, S. 145). Als Grund wird hier die notwendige Umsiedlung von Bewohnern genannt (BAuA, 2020, S. 1).

Psychische Belastungen: Arbeitsorganisation- Arbeitsablauf – Arbeitsintensität

Ältere Pflegekräfte (50 %) glauben, dass der Druck, die Arbeitsbelastung und das Stressniveau in Pflegeberufen zugenommen haben. Insgesamt scheinen Pflegekräfte stärker als andere Berufsgruppen mit psychischen Belastungen zu kämpfen. 63 % der Pflegefachkräfte denken, dass Termin- und Leistungsdruck stressig sind, während 53 % schnelles Arbeiten als stressig empfinden. Etwa 31 % der Pflegekräfte geben an, häufig an ihre Leistungsgrenzen zu stoßen, so Rothgang, Müller und Preuss (2020, S. 155). Der Bedarf an Pflegekräften wächst aufgrund des demografischen Wandels in der Bevölkerung, gleichzeitig fehlen Fachkräfte und offene Stellen im Pflegebereich (BAuA, 2014, S. 1). 38 % der Pflegekräfte arbeiten im Schichtdienst, was ihre Zeit für Geselligkeit und Entspannung einschränkt. Darüber hinaus ist ein schlechter Gesundheitszustand im Pflegebereich weit verbreitet. Weniger regelmäßige Pausen (laut 38 % der befragten Arbeitnehmer), detaillierte Pflegedokumentation und höhere Fehlzeiten sind alles Faktoren, die die Arbeitsbelastung der Beschäftigten im Gesundheitswesen erhöhen (Drupp, Meyer & Winter, 2021, S. 79). 2018 gab es im Ärzteblatt 15.300 Stellenausschreibungen, aber es dauerte 183 Tage, bis Selbständige die Stelle besetzten. Dies bedeutet, dass der Arbeitnehmer, sobald die Position besetzt ist, mehr Arbeit leisten muss, was sein Engagement für seine Arbeit erhöht. Zudem sind kranke Pflegekräfte mit überdurchschnittlichen Arbeitsbelastungen konfrontiert (Stagge, 2016, S. 70–85).

Psychische Belastungen: Arbeitsinhalt/Arbeitsaufgabe - Emotionale Inanspruchnahme

Eine weitere Stressquelle ist emotionaler Stress, da Pflegefachkräfte täglich das Leiden und den Tod anderer erleben. Zudem müssen Pflegefachkräfte auch mit schwierigen Bewohnern umgehen können (Drupp & Meyer, 2019, S. 41). Infolgedessen gaben 40 % der Pflegefachkräfte an, sich in einem emotionalen Zustand zu befinden. Dies entspricht der vierfachen Beschäftigungsquote (11 %) anderer Berufe (BAuA, 2020, S.1).

Abb. 1: Belastungen in der Pflege-Residenz (eigene Darstellung)

1.2 Belastungs- und Beanspruchungskonzept

AH 2 Teilaufgabe 1.2

Das von Rohmert erarbeitete Belastungs- und Beanspruchungskonzept aus dem Jahr 1984 geht davon aus, dass jede berufliche Tätigkeit mit Stressfaktoren verbunden ist. Diese Faktoren sind wertneutral und basieren auf den individuellen Leistungsanforderungen des Mitarbeiters (wie Fähigkeiten und Bewältigungsstrategien). Es gibt zwei Arten von Stress, die sich auf die Leistungsfähigkeit des Mitarbeiters auswirken können: kurzfristige Auswirkungen, wie Müdigkeit oder Eintönigkeit und langfristige Auswirkungen, wie die Abnahme der erlernten Fähigkeiten oder bis hin zum Burnout (DIN EN ISO 10075-1, 2018). Diese beiden Belastungen müssen bei der Bestimmung der Leistungsanforderung eines Mitarbeiters berücksichtigt werden. Äußere Einflüsse bei der Arbeit können bei Menschen unterschiedliche Belastungen hervorrufen. Rohmert und Ruthenfranz definieren 1975 „Belastungen" als objektive Größe, die von außen auf den Menschen wirkt (Rohmert & Ruthenfranz, 1975, S. 8). Stress selbst wird nicht negativ wahrgenommen, und hat sowohl positive (z. B. Anpassung, Training und Gewohnheit) als auch negative (z.B. Dysfunktionen: Müdigkeit, Überforderung) Auswirkungen. Darüber hinaus bestimmen die Belastungsqualität, -intensität und dauer sowie Bewältigungsstrategien und Konstitution, ob Belastungen als gesund erhaltende Herausforderung oder krankmachende Überbeanspruchung empfunden werden. Daher kann der selbe Stress bei verschiedenen Menschen unterschiedliche Anspannungen hervorrufen, was wiederum unterschiedliche körperliche und seelische Anspannungen auslöst (Droste, 2021, S. 93-94; Rusch,2019, S.33).

Gesund erhaltend:

Zeitmanagement und Leistungsdruck können einem Mitarbeiter helfen, kreativer und proaktiver zu sein (Ohy &Fritz, 2010, S. 543). Wenn Pflegekräfte ihre Arbeitsschritte sinnvoll einsetzen, können sie ihren Arbeitsablauf besser steuern und Probleme vermeiden. Ein gutes Zeitmanagement kann einer Pflegekraft auch helfen, den ganzen Tag über mehr Arbeit zu erledigen, was ihr das Gefühl geben kann, produktiv zu sein.

Gesund erhaltend:

Anstrengende Aktivitäten können gut für den Körper sein, wenn sie richtig und mit den richtigen Ressourcen (Muskeln, Hebehilfen) ausgeführt werden. Der Alltag ist mit körperlichem Stress verbunden und verursacht nicht automatisch Krankheiten. Der Bewegungsapparat entwickelt sich bei Belastung und den daraus resultierenden Belastungen. Knochen, Gelenke, Bänder und Knorpel des Gelenkgewebes zu erhalten, zu verbessern und zu fördern erfordert ständige Belastung. Alle Gewebestrukturen im Körper brauchen Stress, nicht nur die Muskeln. Am Arbeitsplatz ist es wichtig, das richtige Belastungsniveau zu finden, um den Bewegungsapparat gesund zu halten.

Krank machende Überbeanspruchung:

Ein zu hohes Arbeitspensum sorgt dafür, dass die Arbeit nicht in der dafür vorgesehenen Zeit zu bewältigen ist. Gleichzeitig führt ständiges Arbeiten unter hohem Zeitdruck zu einem geringeren Arbeitsengagement. Damit das Arbeitspensum geschafft werden kann, müssen häufig Überstunden geleistet werden. Dies kann kurzfristig zu Ermüdung und einem Unfallrisiko führen. Langfristig können körperliche und psychische Erkrankungen auftreten.

Krank machende Überbeanspruchung:

Hohe Intensität oder unzureichende Erholungszeit können das Risiko von Überbeanspruchungsverletzungen erhöhen. Ebenso sollte eine chronische Überforderung, aber auch eine Unterforderung und einseitiger Druck vermieden werden. In diesem Fall müssen die Pflegekräfte häufig manuelle Lastenhandhabung ausüben, wie Heben, Halten, Tragen und Absetzen von Lasten, aber auch das Schieben und Ziehen von Lasten durch menschliche Körperkraft verstanden (DGUV, 2013, S. 6). Ebenso treten Zwangshaltungen am Arbeitsplatz häufig auf, wenn eine Tätigkeit oder ein Arbeitsplatz eine Pflegefachkraft dazu zwingt, über einen längeren Zeitraum eine Haltung einzunehmen, die wenig Bewegungsfreiheit bietet (Berufsgenossenschaft für Handel und Warenlogistik, 2018; DGUV, 2013).

Betriebliches Gesundheitsmanagement I - BGM als Unternehmensstrategie

Abb. 2: Belastungs- und Beanspruchungskonzept (eigene Darstellung)

2   Handlungsansätze und Formulierung der Zielsetzung

2.1   Handlungsansätze

AH 3 Teilaufgabe 2.1

Beispiele von Handlungsansätzen

- Verringerung von Fehlzeiten durch Maßnahmen der Verhaltensprävention / Optimierung der Arbeitsbedingungen
- Reduzierung körperlichen / psychischen Fehlbelastungen
- Förderung der Mitarbeitergesundheit und Arbeitsfähigkeit
- Optimierung des BEM / des Arbeitsschutzes (aus systemischer Sicht)
- Schaffung gesundheitsförderlicher Arbeitsbedingungen (Ergonomie, Arbeitszeitmodelle, W-L-B)
- Bewältigung der Herausforderungen durch den demografischen Wandel
- Stärkung des Commitments
- Erhöhung der Führungsqualität in Bezug auf „Gesund Führen"

Priorität 1: Reduzierung psychischer Belastungen

- psychische Belastungen wurden bisher bei der Gefährdungsbeurteilung nicht berücksichtigt. Dieser Bereich wurde nun zu den psychologischen Aspekten der Risikobewertung hinzugefügt.
- Emotionale Anforderungen und Arbeitsintensität sind zwei Beispiele für psychische Belastungen im Pflegeberuf, die angegangen werden sollen.

Priorität 2: Schaffung gesundheitsförderlicher Arbeitsbedingungen

- Pflegekräfte berichten von irregulären Arbeitszeiten.
- Die Bindung der derzeitigen Pflegekräfte muss gestärkt werden, was wiederum zu weniger Ausfallzeiten führen kann.

Priorität 3: Erhöhung der Führungsqualität in Bezug auf „Gesund Führen"

- Soziale Beziehungen zu Vorgesetzten sind ein wichtiger Bestandteil psychosozialer Belastungen für die Pflegefachkräfte.
- Schlechte Arbeitsbedingungen belasten die Pflegekräfte stark.

Betriebliches Gesundheitsmanagement I - BGM als Unternehmensstrategie

- 4 -

Abb. 3: Handlungsansätze (eigene Darstellung)

2.2 Zielkonzept

AH 4 Teilaufgabe 2.2

Handlungsansatz 1:

Reduzierung psychischer Belastungen

Oberziel:
Nach einer vollständigen Risikobewertung muss die Pflege-Residenz seine eigenen Ressourcen und Mittel zur Bewältigung verbessern.

Teilziel 1:
Implementierung der psychischen Belastungsrisikobewertung innerhalb von 12 Wochen.

Teilziel 2:
Ein Konzept innerhalb der nächsten 12 Wochen entwickeln, mit schwierigen Emotionen umzugehen, Stress zu bewältigen und widerstandsfähiger zu werden.

Handlungsansatz 2:

Schaffung gesundheitsförderlicher Arbeitsbedingungen

Oberziel:
Mitarbeiter werden gebeten, ihre Arbeitsbedingungen in einer Mitarbeiterbefragung zu bewerten. Anhand der Umfrageergebnisse wird ermittelt, wie positiv die Arbeitsbedingungen sind.

Teilziel 1:
Gesundheitszirkel zur Mitarbeiterbeteiligung bei der Gestaltung der Arbeitsbedingungen, Neujustierung von Schichtmustern und Verstößen innerhalb 12 Wochen einführen.

Teilziel 2:
Innerhalb von 24 Wochen werden 5 neue Fachkräfte und 3 Auszubildende eingestellt, um das Pflegepersonal langfristig zu entlasten.

Handlungsansatz 3:

Erhöhung der Führungsqualität in Bezug auf „Gesund Führen"

Oberziel:
Die Mitarbeiter werden zu ihren Beziehungen zu den Führungskräften befragt. Die Ergebnisse der Befragung werden genutzt, um das soziale Klima in der Pflege-Residenz zu verbessern.

Teilziel 1:
In den nächsten 16 Wochen werden Gesundheitszirkeln zur Teilhabe an der Erwerbstätigkeit hinsichtlich Gestaltung der Arbeitsbedingungen, Neuausrichtung von Schichtmustern und Durchbrüchen eingeführt.

Teilziel 2:
Die Pflege-Residenz führt regelmäßig einmal im Jahr Umfragen zur Meinung der Mitarbeiter über das Verhalten ihrer Vorgesetzten durch. Die erste Umfrage sollte durchgeführt werden, bevor die Pflege-Residenz ein Führungstraining anbietet, damit es nach dem Training eine Vergleichsgrundlage gibt.

Betriebliches Gesundheitsmanagement I - BGM als Unternehmensstrategie

- 5 -

Abb. 4: Zielkonzept (eigene Darstellung)

3 Konzeption und Planung des BGM-Projekts

3.1 Das 6-Phasen-Modell

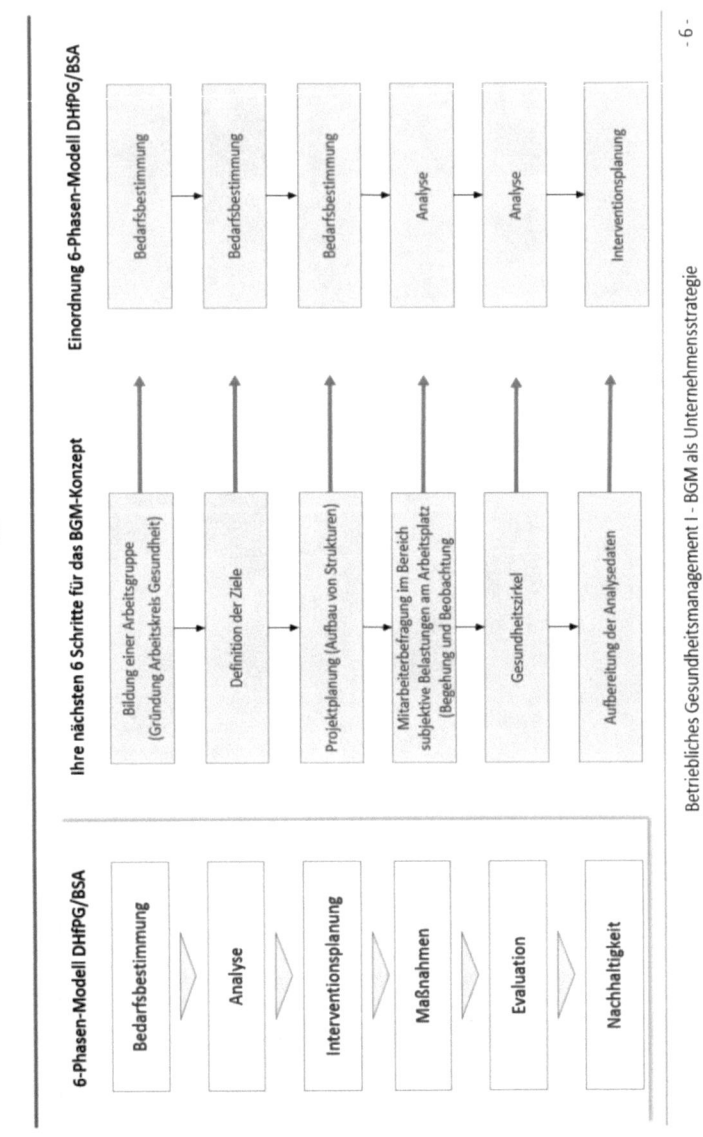

Abb. 5: 6-Phasen-Modell (eigene Darstellung)

3.2 Erfolgsfaktoren im BGM

AH 6 zu Teilaufgabe 3.2

Nennung Erfolgsfaktoren	Begründung und Berücksichtigung bei der Planung	Quelle(n)
Partizipation	Die Ottawa-Charta der WHO (1986) und die Luxemburger Erklärung (ENWHP, 2014) besagen eindeutig, dass die Mitbestimmung der Arbeitnehmer entscheidend für ein erfolgreiches BGM ist. Arbeitnehmerbeteiligung erfolgt in Form von Gesundheitszirkeln, in denen Arbeitnehmer Probleme mit ihren Vorgesetzten diskutieren und Lösungen finden, um diese Probleme zu beheben. Die Beschäftigten partizipieren am geplanten BGM-Projekt, indem sie im Mittelpunkt des fachlichen Wissens und Handelns stehen und gleichzeitig Subjekte ihrer eigenen Gesundheit sind und eine aktive Rolle einnehmen. Die Einbeziehung der Arbeitnehmer ist ein Grundsatz, der befolgt werden muss, damit ein Programm zur Gefährenprävention am Arbeitsplatz erfolgreich ist. Zusätzlich wird eine Mitarbeiterbefragung durchgeführt.	(Europäisches Netzwerk für betriebliche Gesundheitsförderung, 2014, S.3). (World Health Organization, 1986, S.4).
Ganzheitlichkeit	Laut der Luxemburger Deklaration (ENWHP, 2014) sollten betriebliche Gesundheitsmanagement- und -förderungsansätze ganzheitlich sein. Diese Ansätze befassen sich mit der körperlichen und psychischen Gesundheit sowie dem sozialen Wohlbefinden der Beschäftigten in Pflegeheimen. Gesundes Verhalten und beziehungsorientierte Maßnahmen sollten gemeinsam genutzt werden, da sie Kernelemente von Strategien zur Gesundheitsförderung sind (WHO, 1986). Ziel ist es, Risikofaktoren im Arbeitsumfeld zu verringern und Schutzfaktoren sowie das Gesundheitspotential der Mitarbeiter zu erweitern. Sockoll, Kramer und Bödeker (2008) diskutieren Ansätze zur Prävention im Allgemeinen sowie spezifische Ansätze zur Risikobewertung von psychischen Belastungen und zur Verbesserung der Arbeitsbedingungen. Nerdinger et al. (2008) glauben, dass Arbeitsansätze mit hoher Komplexität (viele Anforderungen, ganzheitlicher Ansatz) die Zufriedenheit, Motivation und Leistung der Mitarbeiter verbessern können. Qualitätskriterium für BGF ist ein ganzheitlicher Ansatz nach Frieling und Sonntag (1999, S. 216).	(Europäisches Netzwerk für betriebliche Gesundheitsförderung, 2014, S.3). (Frieling & Sonntag, 1999, S. 216). (Nerdinger, Blickle & Schaper, 2008, S. 399). (Sockoll, Kramer & Bödeker, 2008, S. 60). (World Health Organization, 1986, S.3).
Einbeziehung der Führungskräfte	Führungskräfte können einen großen Einfluss auf die Gesundheit seiner Mitarbeiter haben, sowohl direkt als auch indirekt. Führungskräfte haben einen großen Einfluss auf die Gesundheit ihrer Mitarbeiter. Daher können Führungskräfte, die gesunde Arbeitsbedingungen schaffen, sich auf die Gesundheit der Mitarbeiter konzentrieren und mitarbeiterorientiert handeln, das Wohlbefinden ihrer Mitarbeiter beeinflussen (DGUV, 2014, S.21). Darüber hinaus können sie die Gesundheit und das Wohlbefinden der Mitarbeiter beeinflussen, indem sie soziale Unterstützung, positives Verhalten, gutes Konfliktmanagement, Entscheidungsfreiheit, Leistungsdruck, die Struktur des Arbeitsumfelds und die zugrunde liegenden Annahmen der Unternehmenskultur demonstrieren. Auch unausgesprochene Erwartungen und Werte können eine Rolle dabei spielen, wie eine Organisation mit Gesundheit umgeht (Becke, 2014). Während es viele verschiedene Führungsstile gibt, die effektiv sein können, argumentieren Bruch und Kowalevski (2013), dass gute Führung der Schlüssel zur Erhaltung und Förderung der organisatorischen Gesundheit ist, insbesondere persönliche Empathie und Interesse. Die Schulungsangebote und Mitarbeiterbefragungen zeigen oft, dass sich die Führungskräfte nicht nur in Gesundheitskreise, sondern auch in die Arbeitsgruppen eingebunden werden (Rochnowski, 2018, S. 136-138). Ebenso sollten Führungskräfte nicht nur in Gesundheitskreise, sondern auch in die Arbeitsgruppen eingebunden werden.	(Becke, 2014, S. 129-137). (Bruch & Kowalevski, 2013, S. 19ff). (DGUV, 2014, S.21). (Rochnowski, 2018, S. 136-138).

Betriebliches Gesundheitsmanagement I - BGM als Unternehmensstrategie

Abb. 6: Erfolgsfaktoren (eigene Darstellung)

4 Entwicklung eines Fragebogens

4.1 Fragebogen

AH 7a zu Teilaufgabe 4.1

Physische Belastungen

Einleitungsfrage / -satz	oft	mittel	selten	nie	**Fühlen Sie sich dabei körperlich bzw. psychisch gestresst?**	**ja**	**nein**
Führen Sie die folgenden Funktionen an Ihrem Arbeitsplatz aus?							
Stehen.	O	O	O	O	O	O	O
ungünstige Körperhaltung.	O	O	O	O	O	O	O
Tragen von schweren Lasten.	O	O	O	O	O	O	O
Heben von schweren Lasten.	O	O	O	O	O	O	O
Zwangshaltung.	O	O	O	O	O	O	O

Herkunft/Quellenangabe: Fragebogen zur subjektiven Einschätzung der Belastung am Arbeitsplatz (FEBA) (Slesina, 1987)

Betriebliches Gesundheitsmanagement I - BGM als Unternehmensstrategie

- 8 -

Abb. 7: Fragebogen: Merkmalsbereich physische Belastungen (eigene Darstellung)

AH 7b zu Teilaufgabe 4.1

Arbeitsorganisation

Einleitungsfrage / -satz	nein, gar nicht	eher nein	teils, teils	eher ja	ja genau
Können Sie selbst bestimmen, wann Sie eine Pause machen?	O	O	O	O	O
Steht Ihnen für die tägliche Arbeit ausreichend Zeit zur Verfügung?	O	O	O	O	O

Herkunft/Quellenangabe: Stationäre Altenpflege: Fragebogen zur psychischen Belastung (Berufsgenossenschaft für Gesundheitsdienst und Wohlfahrtspflege [BGW], 2019).

Einleitungsfrage / -satz	immer	oft	manchmal	selten	nie/fast nie
Wie oft kommt es vor, dass Sie nicht genügend Zeit haben, alle Ihre Aufgaben zu erledigen?	O	O	O	O	O
Kommen Sie mit Ihrer Arbeit in Rückstand?	O	O	O	O	O
Müssen Sie Überstunden machen?	O	O	O	O	O

Herkunft/Quellenangabe: Mitarbeiter: innenbefragung zu psychosozialen Faktoren am Arbeitsplatz Deutsche Standard-Version des COPSOQ (Copenhagen Psychosocial Questionnaire) (Freiburger Forschungsstelle für Arbeitswissenschaften [FFAW], 2022).

Abb. 8: Fragebogen: Merkmalsbereich Arbeitsorganisation (eigene Darstellung)

10/17

AH 7c zu Teilaufgabe 4.1

Sozial Beziehungen/ sozial Unterstützung

Einleitungsfrage / -satz	immer	oft	manchmal	selten	nie/ fast nie	Ich habe keine Führungskraft / Kolleg:innen
Wie oft erhalten Sie bei Bedarf Hilfe und Unterstützung von Ihren Kolleg:innen?	O	O	O	O	O	O
Wie oft sind Ihre Kolleg:innen bei Bedarf bereit, sich Ihre Arbeitsprobleme anzuhören?	O	O	O	O	O	O
Wie oft ist Ihre unmittelbare Führungskraft bei Bedarf bereit, sich Ihre Arbeitsprobleme anzuhören?	O	O	O	O	O	O

Einleitungsfrage / -satz	in sehr hohem Maß	in hohem Maß	Zum Teil	in geringem Maß	in sehr geringem Maß
Vertraut das Management / die Führung darauf, dass die Mitarbeiter:innen ihre Arbeit gut machen?	O	O	O	O	O
Erfährt Ihre Arbeit Anerkennung und Wertschätzung durch das Management / die Führung?	O	O	O	O	O

Herkunft/Quellenangabe: Mitarbeiter:innenbefragung zu psychosozialen Faktoren am Arbeitsplatz Deutsche Standard-Version des COPSOQ (Copenhagen Psychosocial Questionnaire) (Freiburger Forschungsstelle für Arbeitswissenschaften [FFAW], 2022).

Abb. 9: Fragebogen: Merkmalsbereich soziale Beziehungen/soziale Unterstützung (eigene Darstellung)

4.2 Begründung Fragebogen und Merkmalsbereiche

AH 8 zu Teilaufgabe 4.2

Begründung Fragebogen und Merkmalsbereiche

Erläuterung/Begründung Merkmalsbereiche

- **Physische Belastungen:** Die Pflege stellt eine große körperliche Belastung für die Arbeitnehmer dar. Erstens müssen sich Pflegekräfte mit dem Heben und Tragen sehr schwerer Gegenstände, langem Stehen an einem Ort und anderen Belastungsproblemen auseinandersetzen. Es ist entscheidend herauszufinden, wie oft diese Dinge in der Arbeit von Pflegekräften vorkommen und wie viele von ihnen aufgrund der beruflichen Merkmale und Anforderungen körperlich oder geistig gestresst sind. Es gibt noch nicht viele Rückenschulprogramme.

- **Arbeitsorganisation:** Pflegefachkräfte sind einer täglichen Arbeitsintensität ausgesetzt. Zudem herrscht Fachkräftemangel, weshalb oft Überstunden anfallen. Auch das Pflegefachkräfte beklagte unregelmäßige Arbeitszeiten- und Termindruck.

- **Soziale Unterstützung:** Die Arbeitsunterstützung durch Kollegen oder Vorgesetzte trägt wesentlich zur Arbeitszufriedenheit bei (Adams et al., 2018, S. 22). Ältere Pflegefachkräfte in Pflegeheimen berichten zunehmend von Problemen mit Pflegediensten.

Erläuterung Herkunft Fragebogen/Items

- **Pflege-Residenz:** Psychischer Belastungsfragebogen der Berufsgenossenschaft des Gesundheitswesens und der Wohlfahrtspflege (BGW). Einzelne Items des Fragebogens wurden berücksichtigt, da er speziell für das stationäre Pflegepersonal konzipiert wurde.

- Der „Fragebogen zur subjektiven Einschätzung der Belastung am Arbeitsplatz" (FEBA) von Wolfgang Slesina wurde speziell entwickelt, um den Zusammenhang zwischen Arbeitsanforderungen und Gesundheitsproblemen auf der Grundlage der Mitarbeitererfahrung herzustellen.

- Der Copenhagen Psychosocial Questionnaire (COPSOQ) ist ein Fragebogen, der Stress und psychische Belastung misst. Es wurde von der Freiburger Forschungsstelle für Arbeitswissenschaften als deutsche Standardversion ausgewählt, weil es sich um ein validiertes Werkzeug handelt, sowie weil es zu den inhaltlichen Empfehlungen der Deutschen Gesetzlichen Unfallversicherung (DGUV, 2019, S. 13) passt.

Informationen zur Skalierung

- Der BGW-Fragebogen und der COPSOQ-Fragebogen sind Ordinalskalen. Ordinal- und dichotome Nominalskalen des Slesina-Fragebogens.

Betriebliches Gesundheitsmanagement I - BGM als Unternehmensstrategie

- 11 -

Abb. 10: Begründung Fragebogen und Merkmalsbereiche (eigene Darstellung)

5 Literaturverzeichnis

Ärzteblatt. (2018). *Fachkräftemangel in der Altenpflege verstärkt sich.* Zugriff am 24.07.2022. Verfügbar unter https://www.aerzteblatt.de/nachrichten/103001/Fachkraeftemangel-in-der-Altenpflege-verstaerkt-sich

Adams, J., Claus, A., Claus, M., Schöne, K., Rose, D.-M. & Sammito, S. (2018). *Soziale Unterstützung und Arbeitszufriedenheit. Unterschiede zwischen verschiedenen Tätigkeitsbereichen.* Prävention und Gesundheitsförderung, 13 (1), 18-23.

Becke, G. (2014). *Zukunftsfähige Unternehmenskulturen durch organisationale Achtsamkeit.* In B. Badura et al. (Hrsg.), Fehlzeiten-Report 2014 (S. 129-137). Berlin, Heidelberg: Springer Verlag.

Berufsgenossenschaft für Gesundheitsdienst und Wohlfahrtspflege (BGW). *Stationäre Altenpflege: Fragebogen zur psychischen Belastung.* Zugriff am 27.07.2022. Verfügbar unter https://www.bgw-online.de/resource/blob/9138/9d1409e2afc3568ba3295bbea1e4c4f1/fragebogen-stat-altenpflegebelastung-data.pdf

Berufsgenossenschaft für Handel und Warenlogistik. (2018). *Physische Belastungen.* Zugriff am 31.07.2022 Verfügbar unter http://www.dguv.de/fbhl/sachgebiete/physische-belastungen/zwangshaltungen/index.jsp

Bruch, H. & Kowalevski, S. (2013). *Gesunde Führung – Wie Unternehmen eine gesunde Performancekultur entwickeln.* St. Gallen: Institut für Führung und Personalmanagement der Universität St. Gallen.

Bundesanstalt für Arbeitsschutz und Arbeitsmedizin (BAuA). (2014). *Arbeit in der Pflege – Arbeit am Limit? Arbeitsbedingungen in der Pflegebranche.* Zugriff am 26.07.2022. Verfügbar unter https://www.baua.de/DE/Angebote/Publikationen/Fakten/BIBB-BAuA-10.pdf?__blob=publicationFile&v=1

Bundesanstalt für Arbeitsschutz und Arbeitsmedizin (BAuA). (2018). *Aktuell 2/18 Schwerpunkt: Arbeit und Gesundheit in der Pflege.* Zugriff am 27.07.2022. Verfügbar unter https://www.baua.de/DE/Angebote/Publikationen/Aktuell/2-2018.pdf?__blob=publicationFile&v=5

Bundesanstalt für Arbeitsschutz und Arbeitsmedizin (BAuA). (2020). *Arbeitsbedingungen in der Alten- und Krankenpflege. Höhere Anforderungen, mehr gesundheitliche Beschwerden.* Zugriff am 23.07.2022. Verfügbar unter https://www.baua.de/DE/Angebote/Publikationen/Fakten/BIBB-BAuA-31.pdf?__blob=publicationFile&v=5

Deutsche Gesetzliche Unfallversicherung e.V. (DGUV). (2013). *BGI/GUV-I 7011. Belastungen für Rücken und Gelenke - was geht mich das an?* (Deutsche Gesetzliche Unfallversicherung (DGUV), Hrsg.). Berlin.

Deutsche Gesetzliche Unfallversicherung e.V. (DGUV). (2014). *Fachkonzept: Führung und psychische Gesundheit.* Zugriff am 27.07.2022. Verfügbar unter https://www.dguv.de/medien/inhalt/praevention/fachbereiche_dguv/fb-gib/psyche/broschuere_fuehrung.pdf

Deutsche Gesetzliche Unfallversicherung e.V. (DGUV). (2019). *Psychische Belastung – der Schritt der Risikobeurteilung. Fachinformation für die Prävention.* Zugriff am 28.07.2022. Verfügbar unter https://publikationen.dguv.de/widgets/pdf/download/article/3476

DIN EN ISO 10075-1 (2018). *Ergonomische Grundlagen bezüglich psychischer Arbeitsbelastung - Teil 1: Allgemeine Aspekte und Konzepte und Begriffe (ISO 10075-1:2017).* Berlin: Beuth.

Droste, M. (2021). *Der Gesundheits-KVP in der schlanken Produktion. Wirkmodell zur Förderung der psychischen Gesundheit und Prozessverbesserung.* Wiesbaden: Springer Gabler.

Drupp, M. & Meyer, M. (2019). *Belastungen und Arbeitsbedingungen bei Pflegeberufen– Arbeitsunfähigkeitsdaten und ihre Nutzung im Rahmen eines Betrieblichen Gesundheits-managements.* In K. Jacobs, A. Kuhlmey, S. Greß, J. Klauber & A.

Schwinger (Hrsg.), Pflege-Report 2019. *Mehr Personal in der Langzeitpflege – aber woher?* (S. 23 – 48). Berlin: Springer Gabler.

Drupp, M., Meyer, M. & Winter, W. (2021). *Betriebliches Gesundheitsmanagement (BGM) für Pflegeeinrichtungen und Krankenhäuser unter Pandemiebedingungen.* In K. Jacobs, A. Kuhlmey, S. Greß, J. Klauber & A. Schwinger (Hrsg.), Pflege-Report 2021. Sicherstellung der Pflege: *Bedarfslagen und Angebotsstrukturen* (S. 71 – 90). Berlin: Springer Gabler.

Europäisches Netzwerk für betriebliche Gesundheitsförderung. (2014). *Luxemburger Deklaration zur betrieblichen Gesundheitsförderung.* Zugriff am 27.07.2022. Verfügbar unter https://www.dnbgf.de/fileadmin/downloads/materialien/dateien/2014_Luxemburger_Deklaration_BGF.pdf

Freiburger Forschungsstelle für Arbeitswissenschaften [FFAW]. (2021). *Deutsche Standard-Version des COPSOQ (Copenhagen Psychosocial Questionnaire).* Zugriff am 29.07.2022 Verfügbar unter https://www.copsoq.de/assets/Fragebogen-COPSOQ_FFAW_170221.pdf

Frieling, E. & Sonntag, K. H. (1999). *Lehrbuch Arbeitspsychologie* (2., vollst. überarb. Auflage). Göttingen: Hans Huber.

Nerdinger, F. W., Blickle, G. & Schaper, N. (2008). *Arbeits- und Organisationspsychologie.* Berlin: Springer.

Ohly, S. & Fritz, C. (2010). *Work characteristics, challenge appraisal, creativity, and proactive behavior: A multilevel study. Journal of Organizational Behavior*, 31, 543-565.

Rochnowski, S. U. (2018). *Gesundheitsmanagement als personale Ressource der Lebensstilmodifikation. Gesundheitsfördernde Maßnahmen und Nudges für Führungskräfte in Settings.* Dissertation, Leuphana Universität Lüneburg. Lüneburg.

Rohmert, W. (1984). *Das Belastungs-Beanspruchungs-Konzept.* Zeitschrift für Arbeitswissenschaften, 38, 193–200.

Rohmert, W. & Rutenfranz, J. (1975). *Arbeitswissenschaftliche Beurteilung der Belastung und Beanspruchung an unterschiedlichen industriellen Arbeitsplätzen.* Bonn: Bundesministerium für Arbeit und Sozialordnung.

Rothgang, H., Müller, R. & Preuß, B. (2020). *Schriftenreihe zur Gesundheitsanalyse – Band 26. BARMER Pflegereport 2020. Belastungen der Pflegekräfte und ihre Folgen.* Zugriff am 30.07.2022. Verfügbar unter https://www.socium.uni-bremen.de/uploads/News/2020/20201201_BARMER_Pflegereport_2020.pdf

Rusch, S. (2019). *Stressmanagement. Ein Arbeitsbuch für die Aus-, Fort- und Weiterbildung (2., Auflage).* Berlin: Springer Gabler.

Slesina, W. (1987). *Fragebogen zur subjektiven Einschätzung der Belastung am Arbeitsplatz (FEBA).* Zugriff am 01.08.2022. Verfügbar unter www.rueckenkompass.de/download_files/doc/Fragen-Slesina.pdf

Sockoll, I., Kramer, I. & Bödeker, W. (2008). *Wirksamkeit und Nutzen betrieblicher Gesundheitsförderung und Prävention. Zusammenstellung der wissenschaftlichen Evidenz 2000 bis 2006* (1. Aufl.) (iga.Report Nr. 13). Essen: BKK Bundesverband; Bgag; AOK Bundesverband; Aev.

Stagge, M. (2016). *Gütekriterien qualitativer Forschung. In: Multikulturelle Teams in der Altenpflege.* Springer VS, Wiesbaden. https://doi.org/10.1007/978-3-658-11510-4_8

World Health Organization. (1986). *Ottawa-Charta zur Gesundheitsförderung 1986, World Health Organization.* Zugriff am 28.07.2022. Verfügbar unter http://www.euro.who.int/__data/assets/pdf_file/0006/129534/Ottawa_Charter_G.pdf

6 Abbildungs- und Tabellenverzeichnis

6.1 Abbildungsverzeichnis